Bongin Te Wiiki

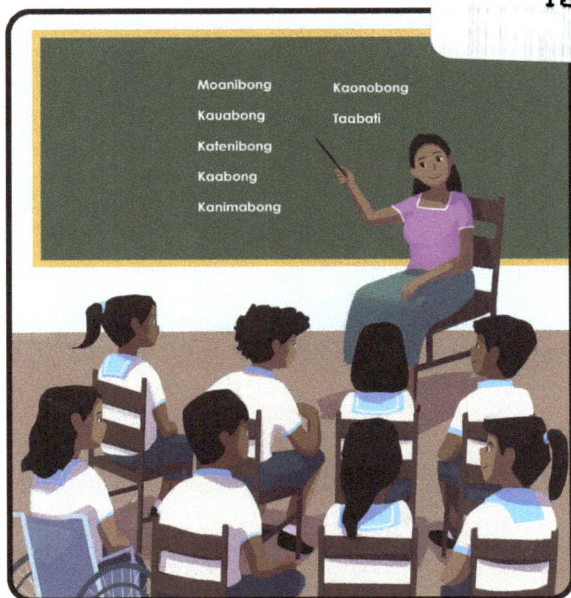

Te korokaraki iroun Ruiti Tumoa
Te korotaamnei iroun John Maynard Balinggao

Library For All Ltd.

Bongin Te Wiiki

E moan boreetiaki 2022
E moan boreetiaki te katootoo aio n 2022

E boreetiaki iroun Library For All Ltd
Meeri: info@libraryforall.org
URL: libraryforall.org

Te korotaamnei iroun John Maynard Balinggao

Atuun te boki Bongin Te Wiiki
Aran te tia korokaraki Tumoa, Ruiti
ISBN: 978-1-922910-60-8
SKU02410

Bongin Te Wiiki

Moanibong

Kauabong

Katenibong

Kaabong

Kanimabong

Kaonobong

Taabati

Itiua te bong n te wiiki

Moanibong

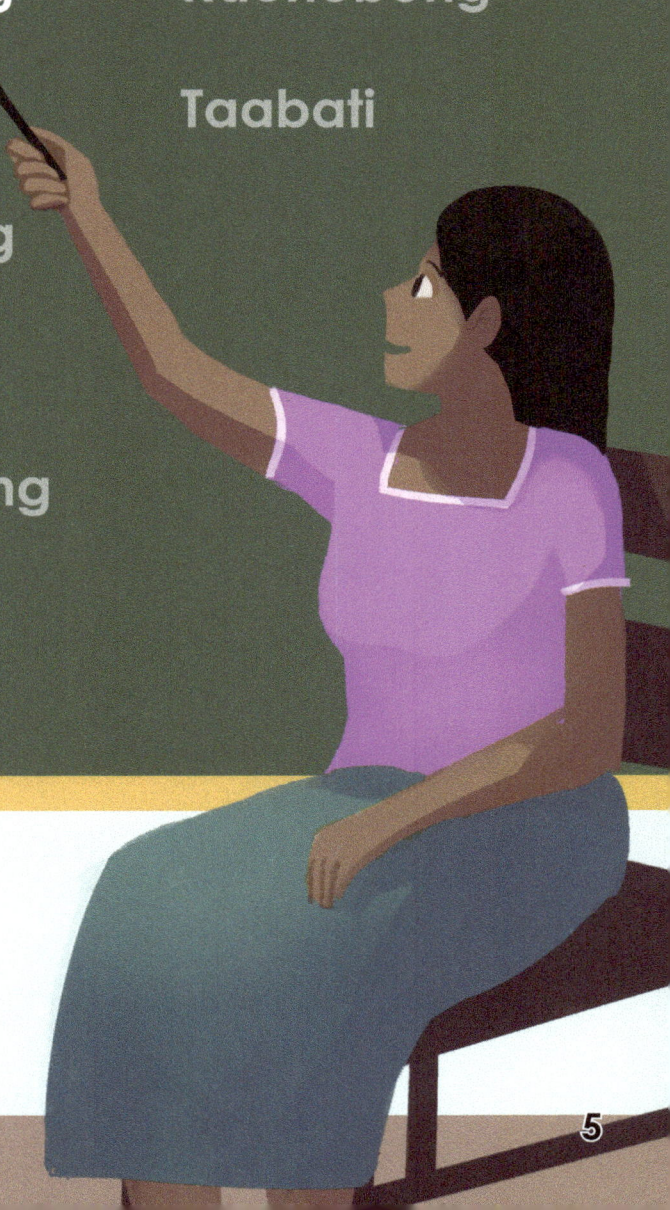

Moanibong   Kaonobong

Kauabong   Taabati

Katenibong

Kaabong

Kanimabong

5

Moanibong

Kauabong

Katenibong

Kaabong

Kanimabong

Kaonobong

Taabati

Kauabong

Katenibong

Moanibong

Kaonobong

Kauabong

Taabati

Katenibong

Kaabong

Kanimabong

Moanibong   Kaonobong

Kauabong   Taabati

Katenibong

Kaabong

Kanimabor

Kaabong

Kanimabong

Moanibong   Kaonobong

Kauabong   Taabati

Katenibong

Kaabong

Kanimabong

Moanibong

Kauabong

Katenibong

Kaabong

Kanimabong

Kaonobong

Taoati

Kaonobong

Taabati

Moanibong   Kaonobong

Kauabong   **Taabati**

Katenibong

Kaabong

Kanimabong

Itiua te bong n te wiiki

Ko kona ni kaboonganai titiraki aikai ni maroorooakina te boki aio ma am utuu, raoraom ao taan reirei.

Teraa ae ko reiakinna man te boki aio?

Kabwarabwaraa te boki aio.
E kaakamanga? E kakamaaku?
E kaunga? E kakaongoraa?

Teraa am namakin i mwiin warekan te boki aio?

Teraa maamaten nanom man te boki aei?

Karina ara burokuraem ni wareware
getlibraryforall.org

Rongorongoia taan ibuobuoki

E mmwammwakuri te Library For All ma taan korokaraki ao taan korotaamnei man aaba aika kakaokoro ibukin kamwaitan karaki aika raraoi ibukiia ataei.

Noora libraryforall.org ibukin rongorongo aika boou i aon ara kataneiai, kainibaaire ibukin karinan karaki ao rongorongo riki tabeua.

Ko kukurei n te boki aei?

Iai ara karaki aika a tia ni baarongaaki aika a kona n rineaki.

Ti mwakuri n ikarekebai ma taan korokaraki, taan kareirei, taan rabakau n te katei, te tautaeka ao ai rabwata aika aki irekereke ma te tautaeka n uarokoa kakukurein te wareware nakoia ataei n taabo ni kabane.

Ko ataia?

E rikirake ara ibuobuoki n te aonnaaba n itera aikai man irakin ana kouru te United Nations ibukin te Sustainable Development.

libraryforall.org

www.ingramcontent.com/pod-product-compliance
Lightning Source LLC
Chambersburg PA
CBHW040318050426
42452CB00018B/2910